pontigny

texte de Claude Wiéner,
prêtre de la Mission de France

photographies
de Zodiaque

5ᵉ édition

MCMXCIV
ZODIAQUE

la carte du ciel. 13

dans la même collection

1 Autun
2 Saint-Savin
3 Issoire
4 Chartres (extérieur)
5 Chartres (intérieur)
6 Aulnay
7 Notre-Dame du Port
8 Poitiers
9 Auxerre
10 Angoulême
11 Orcival
12 Romainmôtier
13 Pontigny
14 Vignory
15 Le Dorat
16 Cunault
17 Trésor de Sens
18 Lessay
19 Le Puy
20 Saint-Bertrand
21 Saint-Sernin
22 Beaune
23 Saint-Front
24 Champagne-sur-Rhône
25 Saint-Guilhem
26 Moissac
27 La Charité-sur-Loire
28 Saint-Germain-des-Prés
29 Saint-Gaudens
30 Ganagobie
31 Rosheim

© Zodiaque 1994

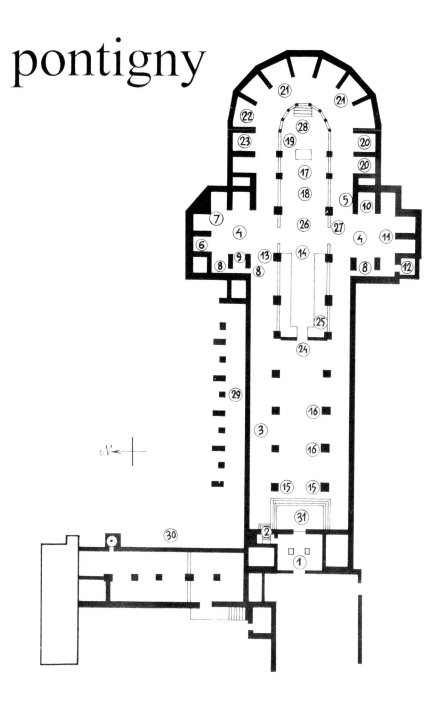

ZODIAQVE

Vous aimez l'ART ROMAN ?

Depuis plus de 40 ans, **Zodiaque** poursuit la réalisation d'un grand projet: dresser un inventaire complet de l'Art Roman et le présenter à un grand public dans une série d'ouvrages de qualité.

Les quelques 180 livres disponibles actuellement constituent le fruit de cette passion pour des monuments parfois somptueux comme Vézelay, mais aussi souvent très modestes comme ces petites églises de Bourgogne dont la simplicité et la beauté nous touchent d'autant plus qu'elles sont un témoignage de la foi de nos pères.

Vous venez de visiter Pontigny, vous pourrez prolonger votre découverte dans nos collections:

pour découvrir l'art cistercien

art cistercien 1 (coll. *la nuit des temps*)
l'esprit de cîteaux (coll. *les points cardinaux*)
l'europe des monastères (coll. *les formes de la nuit*)

pour découvrir la bourgogne romane

bourgogne romane (coll. *la nuit des temps*)
autun, vézelay, itinéraires romans en bourgogne (coll. *les travaux des mois*)
lumières de vézelay (coll. *la voie lactée*)
autun, trésor de sens (coll. *la carte du ciel*)
auxerre et marie noël (coll. *les points cardinaux*)

Pour recevoir le catalogue et une documentation gratuite sur les éditions Zodiaque, écrivez à:
Editions Zodiaque 89630 St Léger Vauban

CÎTEAUX ET SON ESPRIT

Pour comprendre Pontigny, «seconde fille de Cîteaux», il faut d'abord s'arrêter un instant et se souvenir de ce que fut la grande famille des moines cisterciens, qui a bâti cette abbaye.

En 1098, saint Robert de Molesme fonde l'abbaye de Cîteaux dans une forêt au Sud de Dijon, qui appartenait alors au diocèse de Chalon-sur-Saône. Cette fondation prend place dans la filière déjà longue des monastères issus de saint Benoît (env. 480-547). Il s'agit de se séparer du monde, de mettre toute sa vie à l'«école du service du Seigneur», de consacrer son existence à la prière, de «participer courageusement aux souffrances du Christ pour obtenir un jour une place dans son Royaume», de vivre dans l'obéissance, le silence, le recueillement, la pénitence. Au cœur de cette existence, l'«œuvre de Dieu», c'est-à-dire les longues heures de la prière commune, de jour et de nuit, chantée ou récitée à l'église. Cette vie à l'école de saint Benoît avait fait ses preuves et donné bien des saints. Mais les monastères risquaient toujours de s'enrichir, et leur ardeur religieuse de s'affaiblir. Il fallait que, de temps en temps, la ferveur d'une petite équipe décidât de retourner aux sources, de retrouver dans toute sa nouveauté l'ardeur des commencements. Tel est l'esprit de saint Robert, et c'est ce qu'il veut dire en donnant à sa fondation le nom de «nouveau monastère».

L'essor de ce qui va devenir l'ordre cistercien débute en 1113 avec la fondation d'une nouvelle abbaye : la Ferté, près de Chalon-sur-Saône. C'est cette année-là qu'arrive à Cîteaux le jeune seigneur Bernard de Fontaine (saint Bernard) avec trente de ses compagnons, ce qu'il y avait de plus brillant dans la jeunesse bourguignonne du moment. Dès lors, c'est un mouvement qui n'arrêtera pas : sans cesse des candidats se présentent, si bien qu'on envisage aussitôt de nouvelles fondations en dehors du diocèse de Chalon : en 1114, Pontigny – en 1115, Clairvaux (dont saint Bernard sera l'abbé) et Morimond. A leur tour, ces abbayes en fonderont d'autres et toute la France du XIIe siècle, voire même tout l'Occident chrétien, seront couverts de ces nouveaux monastères (environ 350 au milieu du XIIe siècle).

Mais quel est au juste l'esprit cistercien, cet esprit, rappelons-le, que continuent aujourd'hui les moines trappistes ?

L'essentiel ici, c'est la prière, la solitude, le dépouillement et le travail. Loin de l'agitation des villes, loin des préoccupations d'intérêt ou d'ambition, le moine cistercien partage sa vie entre le travail des champs et la prière. Mais son travail est encore une prière : il veut vivre avec Dieu dans le silence, il organise sa vie et construit ses abbayes de façon à n'être pas distrait de cette préoccupation essentielle et de ce silence. Sa réflexion religieuse et sa prière recherchent l'essentiel plus que l'accessoire. Pas d'anecdotes pieuses, pas d'émotions religieuses superficielles; donc, dans les églises, pas de statues, ni d'images, ni même de couleurs. La pensée de Dieu, maître de toutes choses, du Christ en croix, de Marie (à qui sont dédiées toutes les églises cisterciennes), lui suffit. Et l'architecture des cisterciens, à Pontigny comme ailleurs, sera profondément marquée par cet esprit : sérieux, intériorité, équilibre profond, audace secrète qui fuit tout étalage, blancheur, nudité, voilà ce que nous trouverons à Pontigny.

HISTORIQUE

LA GRANDE PÉRIODE

1114 – Fondation de l'abbaye par Hugues de Mâcon, compagnon de saint Bernard, et, selon la tradition, onze autres moines, dans la vallée du Serein. Sur cette rivière, le pont (auquel le lieu doit probablement son nom) se trouve à la jonction des trois comtés de Troyes en Champagne et de Sens et Auxerre en Bourgogne.

1137 – Hugues devient évêque d'Auxerre; de nombreux abbés ou moines de Pontigny deviendront évêques, assurant ainsi au loin le rayonnement de l'abbaye. L'un d'eux, saint Guillaume, mort évêque de Bourges en 1209, sera canonisé (fête le 10 janvier).

1140 – Les premières constructions, très modestes, deviennent insuffisantes. On commence vers cette époque le monastère actuel : notre nef et notre transept datent de cette période. L'église est conçue pour plusieurs centaines de moines, qui ne tarderont pas à la remplir effectivement. Ce sera la plus grande des églises cisterciennes actuellement conservées en France (119 m de long).

1164 – Pontigny devient, suivant le mot d'un auteur du Moyen Age, «l'asile de tous les prélats anglais exilés pour la justice». Successivement Pontigny va recevoir trois archevêques de Cantorbéry impliqués dans les conflits difficiles qui opposent alors en Angleterre la royauté, qui veut affirmer son autorité, et l'Église, qui défend son indépendance. Le premier d'entre eux est saint Thomas Becket qui séjourne à l'abbaye de 1164 à 1166.

Né à Londres en 1118, Thomas Becket était à trente-six ans chancelier du royaume, et ami intime du roi Henri II; faste, prestige, succès, rien ne lui manquait. Archevêque en 1161, il prend si bien sa charge à cœur qu'il se sent forcé de résister à ce même Henri II et, finalement, de s'exiler. Avec sa suite, il s'installe à Pontigny à la fin de 1164. L'abbaye est en pleine époque de ferveur et d'élan religieux. En 1166, le roi menace de représailles les cisterciens anglais si Becket reste dans un monastère de leur ordre. L'archevêque passe donc à Sens les quatre années suivantes. Il regagne l'Angleterre au début de décembre 1170, sachant ce qui l'attend; le 29 du même mois, des émissaires du roi viennent l'assassiner dans sa cathédrale. Il dit de ne pas leur fermer la porte: «Ah non! l'église de Dieu n'est pas une forteresse!» puis: «Je ne sortirai pas. Faites cela ici», et encore: «Pour le nom de Jésus et pour l'Église, j'accepte la mort». Grièvement blessé, il se couche à terre, s'enveloppe dans son manteau, lève les mains au ciel, et meurt. N'est-ce pas à Pontigny qu'il avait puisé quelque chose de la calme énergie avec laquelle il aborda la mort?

1185-1206 – Seconde tranche des travaux de construction (sanctuaire actuel).

1206 – On enterre à Pontigny Alix de Champagne, reine de France, épouse de Louis VII et mère de Philippe Auguste, celle-là même que l'abbé de Pontigny, enfreignant la Règle qui interdisait formellement l'entrée d'une femme à l'intérieur d'un monastère cistercien, avait autrefois admise pour deux jours dans la clôture! Il avait dû faire pénitence pour cette faute. Le tombeau n'en demeure pas moins dans le sanctuaire de l'église.

1208 à 1213 – Deuxième séjour d'un évêque anglais: Étienne Langton.

Étienne est un intellectuel, exégète célèbre (la division de la Bible en chapitres, toujours en usage aujourd'hui, est sans doute de lui), théologien, prédicateur prestigieux et même poète liturgique (il est l'auteur du *Veni sancte Spiritus* de la messe de la Pentecôte). Né vers 1150, professeur à Paris en 1180, il est cardinal en 1206; la même année, étant à Rome, il est nommé archevêque de Cantorbéry. Le roi Jean sans Terre lui refuse l'accès du pays et déclare ses partisans ennemis publics. C'est alors qu'il arrive à Pontigny, où il passe la plus grande partie de ses six ans d'exil. Ses quinze années en Angleterre jusqu'à sa mort (1228) seront difficiles mais fécondes. En particulier, il contribuera à la réconciliation de la royauté anglaise avec la papauté et à l'élaboration de la «Grande Charte» (1215) qui marquera toute l'évolution de la vie politique anglaise et qui figure parmi les précurseurs de nos déclarations des Droits de l'homme.

1240 – Troisième évêque anglais: saint Edme.

Né à Abingdon vers 1170, Edmond Rich, après avoir étudié et enseigné les sciences profanes à Paris et à Oxford, se «convertit» et se consacre à la théologie, qu'il enseigne ensuite à Oxford. En 1222, il est trésorier de la cathédrale de Salisbury, et en 1234, archevêque de Cantorbéry. Il semble avoir été un spirituel (célèbre en particulier par son écrit le *Miroir de l'Église*) plutôt qu'un homme de gouvernement. Après avoir travaillé à la paix intérieure du pays, il se trouve en conflit avec les moines du chapitre de sa cathédrale et avec le roi. A l'automne 1240, il passe la Manche, non pour s'exiler comme ses prédécesseurs (on a démontré l'inexactitude de la légende tenace de l'exil de saint Edme), mais pour consulter le Saint-Siège. Pontigny (qu'il avait peut-être déjà visité lors d'un précédent voyage) lui offre une halte. Il y tombe malade, décide de prendre le chemin du retour, et meurt en route à Soisy, près de Provins, le 16 novembre. Ses dernières paroles: «Je n'ai rien cherché d'autre que Toi sur cette terre, Seigneur».

Edme avait demandé à reposer dans l'église de Pontigny, où son corps fut ramené. Ce fut le début de sa gloire posthume. Canonisé dès 1246, saint Edme devint à la fois un des patrons vénérés de l'Angleterre et le protecteur sans cesse imploré de toute la région de Pontigny.

Le lundi de Pentecôte 1247, saint Louis assistait aux fêtes solennelles qui ouvrirent la série des pèlerinages de saint Edme; ils se sont poursuivis au long des siècles, aux deux dates traditionnelles du 16 novembre et du lundi de Pentecôte.

LA DÉCADENCE

Tandis que surgissent de nouveaux ordres adaptés aux besoins de nouvelles époques, les abbayes cisterciennes perdent de leur ardeur et de leur austérité primitives. Moins nombreux, possesseurs de vastes domaines qu'ils ont défrichés ou dont on leur a fait cadeau, les moines deviennent riches.

1543-1588 – L'abbaye est aux mains d'«abbés commendataires» (Jean du Bellay, Hippolyte d'Este), grands seigneurs lointains qui laissent péricliter la vie monastique.

1568 – Guerres de religion dans la région d'Auxerre. L'abbaye de Pontigny est saccagée. Les tombeaux sont profanés; seul le corps de saint Edme a été mis en lieu sûr par les moines.

XVIIe siècle. – Les abbés (de nouveau choisis parmi les moines) restaurent l'abbaye, mais suivant le goût du jour, bien différent du style cistercien primitif. Les travaux se poursuivent en diverses tranches, de 1645 environ à la veille de la Révolution.

1789 – La Révolution détruit le palais abbatial, somptueux et récemment rebâti. L'église, elle, est respectée à cause du culte très populaire de saint Edme. Les moines sont dispersés; des bâtiments monastiques du XIIe siècle laissés à l'abandon, la plupart tombent en ruine et servent de carrière pour les constructions du village.

L'ÉGLISE est devenue paroissiale depuis le concordat de 1801. Elle est donc le lieu de prière des chrétiens de Pontigny et de bien d'autres croyants qui les rejoignent en diverses occasions, en particulier pendant l'été.

Parmi les curés de Pontigny, mentionnons l'abbé Tauleigne (curé de 1906 à 1926). Une plaque sur le mur de son presbytère, à l'entrée de l'allée de l'église, rappelle qu'il fut un précurseur en divers domaines de recherche scientifique, spécialement la radiologie et la photographie.

On peut mentionner des restaurations diverses au cours du XIXe siècle. C'est de cette époque, en particulier que datent les autels en pierre des chapelles rayonnantes dont plusieurs représentent, par leurs sculptures, une grande finesse de travail sinon une très grande valeur artistique. Il faut signaler surtout la remise en état intégral entreprise par les Beaux-Arts, à la suite d'une explosion d'octobre 1943 qui avait provoqué de nombreux dégâts de détail dans l'église.

Quant aux BATIMENTS MONASTIQUES qui restent debout, ils voient se succéder une série d'efforts spirituels qui méritent l'attention. On peut distinguer cinq périodes :

Ire PÉRIODE : 1842-1903. FONDATION DES PÈRES DE SAINT-EDME. L'abbé Jean-Baptiste Muard rassemble à Pontigny un groupe de *Prêtres Auxiliaires* du clergé diocésain. En 1849, l'œuvre deviendra une congrégation religieuse qui, plus tard, se consacrera à l'enseignement : les PÈRES DE SAINT-EDME.

Né à Vireaux (Yonne) le 15 avril 1809, Jean-Baptiste Muard cherchera toute sa vie «de nouveaux moyens» pour gagner les âmes à Dieu. Séminariste, puis jeune prêtre, le désir de partir pour les missions lointaines et – si Dieu l'y appelle – du martyre, le hante. Mais il est maintenu en France et nommé curé de Saint-Martin d'Avallon. Le succès de son ministère ne fait qu'aviver son désir d'aller au-devant des masses déchristianisées qui ne viennent pas à l'église. Pour elles, il crée les *Prêtres Auxiliaires* qui donneront des missions dans le diocèse; la communauté s'installe à Pontigny en 1842.

L'œuvre lancée, l'abbé Muard va désormais se consacrer à la réalisation d'un vieux projet qu'il résume ainsi : mener avec quelques compagnons une vie de prière et de pénitence dans le lieu le plus retiré du monde, et n'en sortir que pour annoncer un nouvel avènement du Seigneur, à la façon de Jean-Baptiste. Il part pour l'Italie soumettre son projet au pape qui l'encourage; c'est là qu'il découvre et adopte la Règle de saint Benoît. Après un noviciat chez les trappistes d'Aiguebelle, il fonde, en 1850, dans une solitude du Morvan, à 30 km au Sud d'Avallon, le monastère de la Pierre-qui-Vire, où il meurt le 19 juin 1854, âgé de quarante-cinq ans, victime de ses pénitences et de son dévouement aux âmes. La Pierre-qui-Vire compte aujourd'hui environ quatre-vingt moines et plusieurs fondations dans le tiers-monde.

IIe PÉRIODE : 1905-1940. LES ENTRETIENS DE PONTIGNY. Après l'expulsion des religieux à la suite de la loi de 1901, les bâtiments sont rachetés par un universitaire, Paul Desjardins (1859-

1940), qui en fera un centre culturel et intellectuel de grande envergure.

Camarade d'études de Bergson et de Jaurès, professeur aux Écoles Normales de Saint-Cloud et de Sèvres, Paul Desjardins se «convertit» en 1891 d'un scepticisme inspiré de Renan à un culte passionné de la vérité. Hors de toute confession (mais il dira : «Nous ne sommes pas athées»), il fonde l'*Union pour l'action morale*, puis l'*Union pour la vérité* dont le but est de «maintenir... par la discipline du jugement et des mœurs, la perpétuelle liberté d'esprit qu'exige la recherche de la vérité et la lutte pour le droit». Des «entretiens» s'organisent à Paris en hiver, et l'été à Pontigny sous forme de sessions de dix jours (les *Décades de Pontigny*). Autour d'un noyau – dont les principaux membres sont A. Gide, C. du Bos, A. Malraux, R. Martin du Gard, F. Mauriac, A. Maurois, P. Valéry – Paul Desjardins invite successivement des hommes très divers, originaires de tous pays, qui discutent autour de lui de toutes sortes de sujets philosophiques, littéraires ou sociaux. Il meurt en mars 1940, lourdement frappé par une guerre où il voyait l'échec de son idéal européen.

Son œuvre a été reprise par sa fille Mme Heurgon-Desjardins à Royaumont, puis à Cerisy-la-Salle (Manche) où ont lieu aujourd'hui encore d'importantes rencontres.

IIIe PÉRIODE : 1947-1954. ST. EDMUND'S COLLEGE. Après la mort de Paul Desjardins, les Pères de Saint-Edme, qui ont essaimé surtout aux États-Unis, rachètent l'abbaye et y créent un collège secondaire franco-américain, qui pendant sept ans regroupera une centaine d'élèves.

IVe PÉRIODE : 1954-1967. LA MISSION DE FRANCE. Le 15 août 1954, le pape Pie XII établissait à Pontigny le siège de la *Mission de France*, dont le séminaire allait occuper pendant treize ans les bâtiments de l'abbaye.

En 1941-1942, les évêques français, constatant le manque de prêtres et la perte de la foi dans de nombreuses régions de France, créent à Lisieux un séminaire, où des jeunes gens de toutes régions de France se prépareront spécialement pour l'apostolat des zones urbaines et rurales les plus déchristianisées. Le séminaire de la Mission de France à Lisieux fut l'un des carrefours du renouveau qui marqua l'Église de France après la dernière guerre : en particulier, il fut très en liaison avec le mouvement des prêtres ouvriers. Transféré à Limoges (1952), réorganisé, le séminaire s'établit à Pontigny en 1954, de même que les responsables du groupe d'environ 300 prêtres en activité qui constituait la Mission de France.

Pontigny est alors le centre d'un effort de renouveau et de recherches en vue d'ouvrir au catholicisme le chemin des milieux et des régions les plus déshérités, mais aussi de ceux où s'élabore un monde moderne auquel l'Église veut également annoncer l'Évangile.

En 1967, les responsables de la Mission de France souhaitèrent rapprocher de Paris la direction de la Mission et sa maison de formation, qui furent alors transférées à Fontenay-sous-Bois (Val-de-Marne). Pourtant Pontigny reste une «Prélature territoriale», sorte de petit diocèse indépendant relevant de l'évêque de la Mission de France et non de l'archevêque de Sens et Auxerre, et la Mission de France y poursuit depuis 1982 diverses activités, en particulier pour les jeunes, dans une maison située rue de l'Abbé Tauleigne, sur la route de Venouse.

Ve PÉRIODE : «LADAPT». Depuis 1968, les bâtiments de l'abbaye sont occupés par un centre de rééducation professionnelle appartenant à la *Ligue pour l'adaptation du diminué physique au travail* (LADAPT).

L'association LADAPT, fondée en 1928 par Mlle Suzanne Fouché, a créé peu à peu trente centres qui visent à aider les handicapés de tout âge, que leur handicap soit provisoire ou durable, léger ou très grave.

Le centre de Pontigny accueille des personnes venant de toutes les régions de France en vue de l'apprentissage d'un métier. Après une période plus ou moins longue de rattrapage scolaire et d'orientation, les stagiaires reçoivent une formation professionnelle, pour laquelle deux branches leur sont proposées : monteur-câbleur en électronique et employé de service commercial.

En fin de compte, la vocation de Pontigny n'est-elle pas de servir l'homme et de l'aider à être lui-même : moines ou missionnaires, intellectuels de haut rang ou formateurs de travailleurs, ses hôtes successifs n'ont-ils pas en fin de compte toujours visé ce but ?

Plan des voies d'accès et des divers points de vue

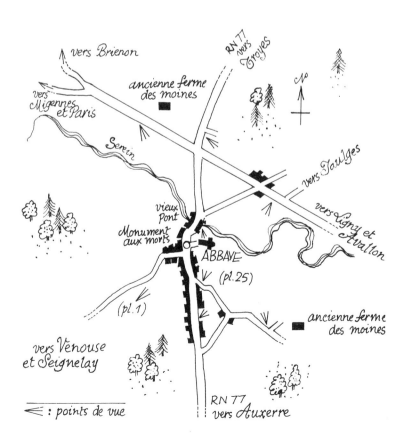

VISITE DE L'ABBAYE

Le touriste qui approche de Pontigny aperçoit de loin la silhouette de l'église (couverture) : long toit semblable à une immense grange s'il arrive de Saint-Florentin, de Migennes ou de Ligny ; haute façade écrasant le village s'il débouche de Venouse ; masse équilibrée bien accrochée au sol s'il vient d'Auxerre (on entrevoit l'église fugitivement entre deux maisons à mi-côte ; on la voit beaucoup mieux en empruntant les routes secondaires qui s'embranchent sur la R.N. 77, cf. plan ci-contre). Puis, pour tous, en face du monument aux morts du village, il faut passer le porche du XVIIIe siècle, sobre et équilibré entre deux pavillons, et s'avancer par la longue allée de tilleuls qui prépare solennellement à la découverte de l'église. On conseille au visiteur de parcourir à pied l'allée qui le prépare à aborder le «mystère» de Pontigny.

LE PORCHE D'ENTRÉE date de la première étape de la construction (pl. couleurs p. 9). Il constitue une sorte de salle rectangulaire entourée sur trois côtés d'un banc de pierre ; sans avoir l'ampleur grandiose du narthex de Vézelay, il offre à celui qui arrive un lieu de repos ou de recueillement qui prépare son entrée (pl. 2). Il est construit en voûte d'arêtes (deux voûtes en berceau croisées), donc de style encore nettement roman. On remarquera les deux lourds piliers et l'emploi assez déroutant d'arcs brisés voisinant avec des arcs en plein cintre. Au tympan de la grande porte (dont on remarquera les pentures en fer forgé du XIIe siècle), la croix nue résume tout le programme de Cîteaux : chercher Jésus-Christ seul sans se laisser distraire par rien d'accessoire.

② ③ *On entrera ensuite par la petite porte de gauche* d'où on aura, par le *bas-côté Nord*, la vision la plus caractéristique de Pontigny : blancheur, ampleur majestueuse, dépouillement, appel au silence et au recueillement.

On avancera, sans se presser, jusqu'à la croisée du transept d'où l'on saisit au mieux les différentes étapes de la construction : transept, bas-côtés, nef, sanctuaire, qu'on détaillera ensuite.

LE TRANSEPT

④ Le transept est la partie la plus ancienne de l'église (pl. 9). Très ample (19 m de haut, 54 m de long), il offre l'exemple de l'austérité poussée à l'extrême : la voûte d'arêtes, les arcs sans fioritures qui prolongent les colonnes, les chapelles sans décoration, les vitraux à dessins géométriques blancs et verts sans figures (ces vitraux sont modernes, mais dans l'esprit traditionnel de Cîteaux), tout signifie ici le dépouillement.

Ce transept donnait jadis sur un petit sanctuaire à fond plat comme on en trouve dans d'autres églises cisterciennes, à Fontenay par exemple. Les premières travées du déambulatoire actuel étaient donc occupées par des chapelles semblables à leurs voisines. Dans ⑤ celle du bras Sud on voit encore, à côté de la porte de la sacristie actuelle, *une piscine*, semblable à celles des autres chapelles, et destinée à jeter l'eau qui avait servi aux ablutions du prêtre. La petite niche carrée qui se trouve à côté, ici et en plusieurs chapelles, servait à ranger les vêtements sacrés, que le prêtre revêtait à l'autel et non à la sacristie.

Après avoir saisi l'impression d'ensemble du transept, on pourra remarquer différents détails :

⑥ — *Dans le bras Nord*, les traces (sur le sol et sur le mur) de l'escalier et de la porte qui faisaient communiquer directement le dortoir des moines, aujourd'hui détruit, avec l'église (pl. 9).

⑦ — *A l'angle Nord-Est*, quatre colonnettes supportant les arcs des chapelles (pl. 9), sans symétriques du côté Sud : l'architecture de Pontigny comporte un grand nombre de dissymétries qui l'empêchent d'être froide et banale.

⑧ — Les *passages* qui donnaient accès aux chapelles Ouest du transept : celles-ci avaient en effet leurs autels tournés vers l'Est comme les chapelles opposées. On y accédait donc par ces petits passages et non par le centre du transept. Cette orientation parallèle de toutes les chapelles est fréquente dans les églises anciennes ; elle

15

signifie en particulier que tous les prêtres qui célébraient la messe ne le faisaient pas comme une série d'actes individuels mais comme une participation à une commune prière tournée vers un même but.

— *Dans l'une des chapelles Ouest du bras Nord*, inscription médiévale en latin sur le pilier, rappelant que «cet autel a été consacré en l'honneur de saint Maurice et ses compagnons, de saint Blaise, martyr, de saint Grégoire, pape, et de sainte Cécile, vierge, dont il y a ici les reliques». ⑨

— *Dans le bras Sud*, chapelle du Saint-Sacrement avec Vierge et autel sculpté, sans valeur artistique, du XIXe siècle. ⑩

— *Au centre de ce même bras Sud*, Vierge du XVIe ou XVIIe siècle enveloppant dans son manteau une série de petits personnages : évêque, prêtre, religieux, laïcs homme et femme, représentant toute l'Église confiée à la protection de Marie (pl. 15). On soulignera l'attitude d'intense prière de ces personnages, à laquelle répond le sourire plein de bonté concentrée de la Vierge. C'est la seule grande statue un peu ancienne de cette église dédiée à la Mère de Dieu comme toutes les églises cisterciennes. ⑪

— *Au coin Sud-Ouest*, caveau funéraire des Pères de Saint-Edme (on ne visite pas). ⑫

TABLE DES PLANCHES

Couverture : *l'église abbatiale vue du Sud-Est.*
P. 9 *(Planche couleur). La façade Ouest et le porche.*
P. 10 *(Planche couleurs). La nef et le chœur vues de la tribune de l'orgue.*
P. 35 et 36 *(Planches couleurs). Détails de bases des colonnes engagées dans les chapelles du déambulatoire.*
1 *Le chevet vu du Sud-Est.*
2 *Vue intérieure du porche.*
3 *Le bas-côté Sud vu de l'Ouest.*
4 *Voûtes de la nef.*
5 *Voûtes du chœur.*
6 *Perspective des piliers Nord de la nef.*
7 *Le déambulatoire.*
8 *Détail de la clôture du chœur donnant sur la nef.*
9 *Le croisillon Nord du transept vue de la croisée.*
10 *Ensemble du chœur.*
11 et 12 *Détails des chapelles du déambulatoire.*
13 *Les charpentes de l'église.*
14 *L'ancien dortoir des Frères convers.*
15 *La Vierge de miséricorde dans le croisillon Sud du transept.*
Revers de couverture : *le bas-côté Sud vu vers l'Ouest.*

NEF ET BAS-CÔTÉS

LES BAS-CÔTÉS sont encore romans par leurs voûtes d'arêtes (pl. 3). C'est là, semble-t-il, que l'art de Pontigny atteint son sommet. Les volumes plus restreints que ceux du transept, la lumière des fenêtres, la double ligne des arcs-doubleaux à chaque travée donnent à ces deux ensembles une chaleur et une intériorité inégalables. On ne manquera pas de les regarder longuement et, si on en a l'occasion, d'observer les variations de la lumière et des teintes de la pierre suivant les heures diverses du jour (revers de couverture et pl. couleurs p. 35 et 36). *Les chapiteaux*, très simples, sont tous différents ; leurs motifs sont inspirés par les feuilles des plantes aquatiques qu'on trouvait alors sur ce terrain humide.

Pour obtenir cet équilibre de lignes, l'architecte dut modifier légèrement le plan et donner aux bas-côtés une hauteur supérieure à celle des chapelles voisines. On s'en aperçoit en observant le décrochage des arcs dans la première travée. Un autre décrochage s'imposait entre la nef (20 m de haut) et le transept (19 m).

POUR LA NEF, il semble qu'on ait d'abord songé à la couvrir d'une voûte d'arêtes. De fait la construction se développe à partir du sol d'une manière absolument semblable aux bas-côtés (pl. couleurs p. 10). Mais sans doute les maîtres d'œuvre pensèrent-ils au poids excessif d'une telle construction. Avec leur audace et leur jeunesse d'esprit habituelles, ils n'hésitèrent pas devant une nouvelle retouche de plan et adoptèrent la technique, récemment découverte, de la croisée d'ogives (pl. 4). Cela les amena à faire retomber leurs ogives sur des chapiteaux posés en biais sur le coin des piliers carrés (pl. 6). Ce léger défaut se manifeste sur six travées. En arrivant à celle du fond (la dernière construite) on trouva une solution plus élégante : tailler le pilier en colonnette ronde sur laquelle l'ogive retomberait sans difficulté. Cela donne au dernier pilier une dissymétrie remarquable, avec sa taille carrée d'un côté, ronde de l'autre.

Autre détail curieux : quand on est dans l'axe de la nef, on constate un décalage entre l'arc de la dernière travée et la verrière de façade. Ce décalage peut être dû à une erreur de calcul de l'architecte. Mais il est plus probable qu'il ait voulu donner à la façade des proportions harmonieuses qui ne correspondaient pas exactement à celles de la nef.

On remarque que les colonnes centrales s'arrêtent (sauf pour le pilier du fond) sur un culot à 3 m 50 du sol. C'est que la nef était isolée des bas-côtés par une cloison le long de laquelle les stalles ou les bancs des moines occupaient toute la longueur de la nef : les églises cisterciennes étaient situées loin des agglomérations, et on n'y prévoyait pas de places pour le peuple. Notons encore que ces stalles se partageaient en deux : celles des pères vers l'autel, celles des frères convers vers le fond de l'église.

Il y avait en effet chez les cisterciens deux sortes de religieux : les moines proprement dits, généralement d'origine noble, qui travaillaient de leur mains mais réservaient un temps important à l'étude et à la prière commune – et les frères convers, d'origine paysanne et le plus souvent illettrés, qui se consacraient surtout aux travaux manuels et suivaient en silence les offices auxquels ils participaient.

Entre ces deux parties des stalles, s'élevait un jubé avec deux autels et une galerie, du haut de laquelle se faisaient les lectures de l'office. On peut ne pas aimer l'actuelle clôture de chœur du XVIIe siècle (dont nous parlerons dans un instant), mais on ne doit pas oublier que la nef de Pontigny a toujours été coupée en deux.

SANCTUAIRE ET DÉAMBULATOIRE

Vers 1185, on abattit l'ancien sanctuaire à fond plat pour en construire un autre beaucoup plus grand. Le motif de cette transformation était sans doute avant tout utilitaire : le nombre des prêtres augmentant, les chapelles du transept ne suffisaient plus à la célébration des messes quotidiennes ; un grand sanctuaire à onze chapelles rayonnantes permettrait de satisfaire à cette exigence de la vie monastique.

LE NOUVEAU SANCTUAIRE EST IMPOSANT de proportions ; avec ses deux travées en croisée d'ogives et les dix nervures du chevet (pl. 5), avec ses colonnes monolithiques au fond, avec les fines colonnettes qui entourent les fenêtres, il est d'un style nettement gothique qui commence à s'écarter de l'austérité primitive (pl. 10). ⑰

On remarquera également que les murs du sanctuaire et de ses chapelles sont en belle pierre taillée et non plus en pierre brute recouverte d'un enduit comme les murs du transept et de la nef.

Sur le pavage (refait au XVIIIe siècle), à peu près au centre du sanctuaire, un petit signe avec trois fleurs de lis évoque l'emplacement du tombeau de la reine Alix de Champagne (voir p. 6). ⑱

Sur le bord du sanctuaire, du côté Nord, se trouve *le tombeau d'Hugues de Mâcon*, premier abbé de Pontigny, malheureusement assez abîmé (il était jadis entouré de tous les côtés d'une série de colonnettes) ; mais la pierre tombale est belle, avec la simple croix très sobre qui y est gravée. ⑲

DANS LES CHAPELLES DU POURTOUR, les autels étaient autant que possible tournés vers l'Est comme ceux des chapelles du transept. C'est évident au moins pour les deux premiers autels du côté Sud : la place des piscines prouve que, dans ces chapelles, les autels ne se trouvaient pas à leurs emplacements actuels. ⑳

Parmi les croisées d'ogives du déambulatoire, on remarquera celles de la partie tournante, avec leur forme originale d'étoile à cinq branches, dont l'une retombe sur la clef de l'arcade de la chapelle (pl. 7). ㉑

Dans une des chapelles du côté Nord se trouve *une belle châsse Renaissance* en bois, dans laquelle demeura sans doute pendant un certain temps le corps de saint Edme. ㉒

㉓ *Dans la chapelle voisine* on peut apercevoir, sur le mur de droite, contre le pilier près de la fenêtre, quelques traces très effacées d'une *fresque*, sans doute du XIVe siècle ou du XVe, représentant probablement saint François d'Assise recevant les stigmates. L'architecture de la période cistercienne primitive ne comportait aucune peinture, mais on devine que les siècles suivants manquèrent souvent à cette règle; sans doute y eut-il d'autres peintures sur les murs de l'église de Pontigny.

LES ADDITIONS DES XVIIe ET XVIIIe SIÈCLES

Nous n'avons encore rien dit des «embellissements» apportés à l'église de Pontigny après le saccage des guerres de religion. Le visiteur épris de pureté de style aura quelque peine à s'y habituer. Nous dirons, pour notre part, qu'il s'agit d'œuvres honnêtes et belles en elles-mêmes, qu'elles témoignent de la vie d'un édifice auquel différentes époques apportent leur contribution, et qu'en tout cas, elles se substituent à des éléments anciens dont la disparition est fort regrettable, mais dont l'absence pure et simple laisserait un vide très froid, bien différent de ce qu'était l'église au temps des moines. Nous énumérons ici assez rapidement ces éléments surajoutés, en partant de l'Ouest, ce qui est probablement à peu près l'ordre de construction.

㉔ *La clôture de chœur* se présente, vue de la nef, comme une sorte de décor de théâtre d'époque classique, qui n'est pas sans équilibre. Il est bon, pour l'apprécier, de la regarder avec la porte fermée. Elle comporte les deux autels traditionnels des chœurs cisterciens, où se célébraient chaque matin la messe de la Vierge et la messe des Morts; les deux peintures assez banales au dessus des autels ne sont pas d'origine.

㉕ *Les 100 stalles* (60 hautes, 40 basses) représentent un bel ensemble de boiserie sobre, suffisamment austère, sans trop de détails qui dispersent le regard (pl. 8). La Révolution a enlevé les couronnes au-dessus de chaque stalle et les blasons des extrémités, mais sans endommager le reste du décor; ces dégradations, fort légères à dire vrai, sont les seules traces qu'ait laissées dans l'église la grande tourmente de 1789. A la croisée du transept, *les quatre blasons en relief de* ㉖ *la voûte* datent de la reconstruction du XVIIe siècle: les huguenots avaient mis le feu au petit clocher de bois qui se trouvait en cet endroit; cela provoqua l'écroulement de la voûte, qui dut être refaite. On reconnaît les armes de France (la couronne et les fleurs de lis), puis celles de Pontigny (le pont avec le nid), celles de l'abbé de l'époque (le coq) et celles de Cîteaux.

㉗ A la croisée également, *une belle grille* du XVIIe siècle (pl. 9), continuée autour du sanctuaire par une grille beaucoup plus ornée du XVIIIe siècle, forme un bel encadrement à l'autel de marbre de même époque, bien situé au milieu du sanctuaire et non au fond.

㉘ Enfin, dominant tout l'ensemble, *le monument du saint Edme*, du XVIIIe siècle, avec quatre anges en bois et en stuc et un dais enca-

drant la châsse (pl. 10). Cette châsse elle-même date de la seconde moitié du XIXᵉ siècle ; on peut souhaiter son remplacement par quelque chose de plus digne. Le corps du saint (qu'on pouvait voir jadis aux jours de fête grâce à un escalier assez disgracieux datant du XIXᵉ siècle) y repose revêtu des ornements pontificaux.

Une autre addition postérieure au Moyen Age est une *galerie du cloître* du XVIIᵉ siècle à laquelle on accède par la grande porte qui se trouve vers le haut du bas-côté Nord. Cette galerie a remplacé l'un des côtés du cloître primitif, dont il ne reste rien. (29)

On peut s'avancer vers l'extérieur et se rendre compte quelque peu de l'ensemble imposant que devaient représenter les bâtiments monastiques avant la Révolution. Ils formaient un rectangle dont deux côtés seulement sont conservés : l'église et le *bâtiment des convers*, dont le rez-de-chaussée était occupé par le cellier où se conservaient les provisions, et le premier étage par le dortoir des convers. Ce bâtiment est intact mais ne se visite pas. La planche 14 donne une idée de ce premier étage avec son architecture tout entière d'harmonie et de paix. (30)

Des bâtiments monastiques proprement dits, il manque donc deux côtés : le grand côté du rectangle (parallèle à l'église) et un quatrième côté qui aboutissait sur le transept.

On remarquera les solides *arcs-boutants* qui dominent la galerie du cloître ; ils furent rajoutés peut-être au XIIIᵉ ou au XIVᵉ siècle pour soutenir le bâtiment fragilisé par la pente du terrain (il n'y a pas d'arcs-boutants du côté du cimetière). (29)

On rentrera ensuite dans l'église. En se dirigeant vers la sortie, on remarquera *la tribune*, du XVIIIᵉ siècle, très ouvragée dans un style assez profane. Elle supporte un orgue du XVIIᵉ siècle acheté par les moines de Pontigny à l'église Saint-Pierre de Châlons-sur-Marne. (31)

Avant de quitter l'église, on essaiera une dernière fois de saisir l'ensemble au-delà des détails, et de s'imprégner de la valeur spirituelle et du sérieux de l'architecture de l'édifice.

L'église de Pontigny ne comporte *pas de crypte ni même de fondations* : il est intéressant de noter que ce pesant édifice repose sur la glaise très épaisse du sol de Pontigny sans aucune construction souterraine.

Quant aux combles, ils comportent une très belle charpente. On ne peut pas la visiter, mais la planche 13 donnera aux lecteurs de ce guide une idée de cet ensemble.

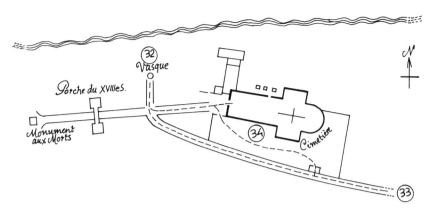

Plan de la visite extérieure de l'abbaye

VISITE DE L'EXTÉRIEUR

㉜ En sortant de l'église, on reprendra l'allée jusqu'au milieu. On s'avancera alors à droite jusqu'à la grille d'entrée de la propriété, d'où on aura un nouveau coup d'œil sur le bâtiment des convers. On apercevra sur la pelouse une curieuse vasque de pierre de 3 m 40 de diamètre. C'était un *lavabo*: l'eau arrivait au centre de la vasque et ressortait tout autour par 32 orifices permettant aux moines de se laver les mains au retour du travail. Il existe une deuxième vasque semblable dans le jardin.

㉝ Puis on traversera de nouveau la grande allée pour prendre la chemin qui débouche en face de l'entrée de la propriété. Après avoir longé le cimetière communal, on pourra continuer plus loin. En se retournant, on aura une belle vue d'ensemble de l'église par le chevet (pl. 1). On saisit ici tout particulièrement l'harmonie de l'architecture avec le paysage, et l'allure «terrienne», enracinée, de cette église de moines paysans.

㉞ En revenant, ceux qui s'intéressent à la mémoire du grand humaniste que fut Paul Desjardins (cf. p. 11) pourront entrer dans le cimetière. Ils y trouveront sa tombe, à l'Est de la croix centrale, juste au-delà de la rangée des tombes militaires. Ils pourront ressortir par la petite porte du cimetière, qui donne devant l'entrée de l'église.

Notre connaissance de l'abbaye doit beaucoup à tous ceux et celles qui ont étudié son histoire et son architecture, et tout particulièrement à Mrs Terryl N. Kinder.

PONTIGNY ABBEY

THE ABBEY IS ONE OF THE HOLY PLACES OF THE ENGLISH CHURCH, *since – to quote a medieval author – it provided «a shelter for all the English prelates who suffered exile for the sake of justice». In fact, three archbishops of Canterbury were associated with Pontigny: Thomas Becket who spent there the first three years of his exile (1164-1166), Stephen Langton who remained there for six years (1208-1213) after King John had forbidden him to occupy his espiscopal seat, and Saint Edmund, who lived there for a short time, in 1240, but asked to be buried at Pontigny where, for centuries, his grave has been visited by pilgrims from England and from the neighbouring country.*

These English bishops had been drawn to Pontigny by the reputation and the holiness of the great abbey, «Cîteaux's second daughter», founded in 1114, and by its exceptional atmosphere of prayer, meditation and austerity. The architecture clearly reflects the austerity of the Cistercian spirit: the church of Pontigny (built from 1140 onwards) is completly white, without any object which might divert the mind from its one aim: the silent quest of God and the contemplation of His cross which stands, alone and unardorned, above the main entrance.

THE INTERIOR. *The church is large, since it was designed for several hundred monks: 390 feet long outside, with a transept 190 feet long and 65 feet high inside. The Romanesque porche giving access into the church is a fitting introduction to the atmosphere of meditation that prevails inside. After entering the church* through the small door on the left, *the visitor should walk up slowly the* lefthand side aisle *which is the finest and the most characteristic part of the church, until he reaches the crossing of the transept from where various stages in the construction of the church are revealed:* The exceptionally wide transept, *severe and bare of any superfluous ornament, with a groined vault in the Romanesque style.*

The side-aisles, *also Romanesque, where the architect achieved a perfect balance of line and light.*

The Gothic nave *with its ribbed vaults resting rather uneasily on square pillars identical to those of the aisles.*

The wide chancel' *style is more elaborate but less resolute; it took the place c. 1185 of the original chancel which was much smaller and had a square end. The vault of the chancel with the fan-like disposition of its ten ribs and its monolithic pillars is worth studying, as well as the ambulatory, with the five-ribed vaults of its radiating chapels.*

To this ensemble, remarkable for its unity, elements were added in an altogether different style by several abbots in the 17th and 18th centuries: *the wooden choir-screen, painted like a stage backcloth, the stalls with their fine woodwork, the railing separating the transept from the chancel, the marble altar and finally, at the far end, Saint Edmund's tomb, with its four angels surrounding a rather ungainly reliquary dating from less than a century. The whole body of the saint is kept there, clad in his bishop's vestments.*

The visitor is advised to admire not so much the detail in this church but the harmony of the lines and the general atmosphere, so ideally suited in its quietness to prayer and the quest of God.

THE EXTERIOR. *After leaving the church, follow the path and turn right* towards the gate of the estate. You may have from there a first glance at what used to be conventual buildings. Having been abandoned by the monks in 1790 and partly destroyed, it became the mother-house of the Fathers of Saint-Edmund (1842-1903), reopened from 1947 to 1954 in conjunction with St Edmund's College, a Franco-American institution. Between 1906 and 1940 it was the seat of a very important centre for international cultural conferences, founded by Paul Desjardins. From 1954 to 1967 it housed the seminary of the Mission de France *which sends priests to those districts and sections of the French community which have become almost completly cut off from the Church. Since 1968, it has become a centre for technical reeducation of physically disabled young people, connected with the League for the adjustement to work of the physically disabled people* (LADAPT). *The work of this centre prevents visiting what is left of the conventual buildings, i.e. the wing in prolongation of the façade of the church, including the cellar on the ground floor and the dormitory of the lay brethren on the first floor. On the lawn can be seen a curious basin in which the brethren washed their hands after work. Across the main path again and along the lane which borders the parish cemetery, you will have a wonderful view to the apse of the church. Before retracing your steps, you may go a little further on the right, beyond the sports ground, and have another general view of the church and monastic buildings. The map on p. 000 shows the spots from where the abbey should be seen and how it can be reached.*

Since 1982, the «Mission de France» *organizes numerous activities for youth during the summer in the abbey-church as well as in a house seated* rue de l'abbé Tauleigne, *on the road towards Venouse.*

LIST OF PLATES

Cover : *The abbey church seen from the south-east.*
P. 9 *(Colour plate). West front and porch.*
P. 10 *(Colour plate). Nave and choir seen from the organ-loft.*
P. 35 et 36 *(Colour plates). Details of the pilars' bases engaged in the ambulatory chapels.*
1 *Apse of the church, seen from the south-east.*
2 *Inside of porch.*
3 *South aisle, looking westwards.*
4 *Vaults of nave.*
5 *Vaults of choir.*
6 *Perspective on pillars north of the nave.*
7 *Ambulatory.*
8 *Stalls and choir-door.*
9 *North transept seen from the choir.*
10 *Choir.*
11 et 12 *Details of ambulatory chapels.*
13 *Timberwork of the church.*
14 *Former dormitory of the lay brethren.*
15 *Statue of the Virgin in the South transept.*
Backcover : *South aisle, looking westwards.*

DIE ABTEI VON PONTIGNY

Die 1114 gegründete Abtei von Pontigny ist einer der Hauptzeugen der grossen geistigen Bewegung der Zisterzienser, die auf das religiöse Leben des XII. Jahrhunderts einen so bedeutenden Einfluss hatte. Pontigny ist die «zweite Tochter» von Cîteaux (Cîteaux, 1098 gegründet, wurde durch den hl. Bernhardt erneuert). Die Zisterzienser Abteien waren Zentren des Gebets und der strengen Sammlung. Dieser strenge Geist drückt sich auch in der Architektur der Zisterzienser aus. Die Kirche von Pontigny (mit deren Bau 1140 begonnen wurde) ist ganz weiss, ohne Bilder, ohne farbige Fenster: nichts lenkt den Geist vom einzigen Ziel ab, Gott allein in der Stille zu suchen.

IN DER GESCHICHTE PONTIGNYS *können wir die Aufnahme durch die Abtei grosser englischer Bischöfe im XII. und XIII. Jahrhundert erwähnen: der hl. Thomas Becket und Stephan Langton, die wegen ihres Kampfes mit dem König von England verbannt wurden. Nach ihnen bat der hl. Edmund, ebenfalls Erzbischof von Canterbury, darum, in Pontigny begraben zu werden. Seit 1247 ist sein Grab dort ein Wallfahrtsziel.*

BESICHTIGUNG DES INNEREN. *Sie beginnt mit der* romanischen Vorhalle, *die uns schon zur Sammlung vor dem Betreten der Kirche einlädt. Oberhalb des Tores befindet sich nur das Kreuz, ohne Ausschmückung, Sinnbild des ganzen geistigen Programms der Zisterzienser. Man betritt die Kirche durch die kleine Tür links: man durchschreitet dann langsam das linke Seitenschiff, den schönsten und typischsten Teil der Kirche. Von der Vierung aus kann man jede Baustufe der Kirche beobachten:*

Das sehr grosse Querschiff, *streng und schlicht, ohne überflüssige Ausschmückung, mit seinem noch romanischen Kreuzgewölbe.*

Die ebenfalls romanischen Seitenschiffe *mit ihrem kunstvollen Gleichgewicht von Linien und Licht.*

Das gotische Mittelschiff *mit seinem Spitzbogengewölbe, das etwas ungeschickt von viereckigen Pfeilern gestützt wird.*

Das grosse Chor *(das von 1185 an das ursprüngliche, viel kleinere Chor ersetzte), schon kunstvoller, aber weniger aussagekräftig; man bewundere sein Gewölbe mit 10 Rippen im Hintergrund, die monolithischen Säulen sowie den Chorumgang und besonders das fünfteilige Spitzbogengewölbe der dortigen Kapellen.*

Das Gebäude des XII. Jahrhunderts ist aussergewöhnlich gross (119 m lang von aussen gemessen, Querschiff 54 m, Mittelschiff 20 m hoch). Es besass aber eine grosse Einheit. Die Aebte des XVII. und XVIII. Jahrhunderts fügten Teile mit ganz verschiedenem Stil hinzu: das Chorgitter aus bemaltem Holz wie eine Theaterkulisse, das Chorgestühl mit seinem schön geschnittenen Holzwerk, die Gitter des Querschiffes und des Chores, den marmornen Altar und schliesslich, ganz hinten, das Denkmal des hl. Edmund mit 4 Engeln um einen ziemlich hässlichen Schrein, der kaum 100 Jahre alt ist (man kann in einer der Kapellen des Chorumgangs einen hölzernen Schrein aus dem XVI. Jahrhundert sehen, der in seiner Schlichtheit viel schöner ist als jener).

Man soll in dieser Kirche nicht so sehr die Einzelheiten als vielmehr das Linienspiel und die allgemeine Atmosphäre des stillen Gebets und der Gottsuche beachten.

AUSSENANSICHT. *Wen man die Kirche verlässt, schlägt man die Allee ein und geht bis zur Mitte. Dann geht man bis zum Eingangstor des Grundstücks, von wo man einen ersten Blick auf die ehemaligen Klostergebäude aus dem XII. Jahrhundert werfen kann.*

Diese von den Mönchen 1790 verlassenen und teilweise zerstörten Gebäude wurden zum Mutterhaus der Väter des hl. Edmund (1842-1903, von 1947 bis 1954 mit dem französich-amerikanischen St Edmund's College wiederaufgenommen); von 1906 bis 1940 richtete Paul Desjardins dort sein sehr wichtiges Zentrum für internationale kulturelle Begegnungen ein. Von 1954 bis 1967 war in der Abtei das Séminaire de la Mission de France untergebracht, das Priester für die französischen Gebiete und Kreise ausbildet, die sich am weitesten von der Kirche entfernt haben. Seit 1968 werden die Gebäude benutzt von einem Zentrum beruflicher Umbildung für Körperbehinderte, das von dem Bund für Anpassung and die Arbeit der körperlich Behinderten (LADAPT) abhängt. Um dieses Zentrum nicht zu behindern, ist es nicht erlaubt, die einzigen Ueberreste der Klostergebäude zu besichtigen, die sich in der Verlängerung der Kirchenfassade befinden: Weinkeller und Schlafsaal der Laienbrüder.

Auf dem Rasen bemerkt man ein eigenartiges steinernes Brunnenbecken, in dem die Mönche sich nach der Arbeit die Hände wuschen. Nachdem man die grosse Allee wieder hinuntergegangen ist, nimmt man den Weg gegenüber dem Eingang und geht am Gemeindefriedhof entlang. Jenseits des Friedhofs hat man eine wunderbare Aussicht auf das Chorhaupt der Kirche. Bevor man auf demselben Weg zurückkommt, kann man auf der Höhe des Friedhofs nach rechts vorbeigehen und hat wiederum eine schöne Gesamtansicht des Kirche und der Klostergebäude.

Seit 1982 organisiert die «Mission de France» vielerlei Tätigkeiten für Jungendliche während der Sommermonate, in der Abteikirche und in einem Haus von Pontigny (17, rue de l'Abbé Tauleigne) auf dem Weg nach Venouse.

TAFEL DER ABBILDUNGEN

Umschlag: *Die Abteikirche von Südosten gesehen.*
S. 9 *(Farbfotografie). Westfassade und Portal.*
S. 10 *(Farbfotografie). Mittelschiff und Chor von der Orgelbühne gesehen.*
S. 35 und S. 36 *(Farbfotografien). Einzelheiten der Säulen in den Kapellen des Chorumgangs.*
1 *Aussenseite des Chores von Südosten gesehen.*
2 *Das Innere des Portals.*
3 *Südliches Seitenschiff nach Westen gesehen.*
4 *Gewölbe des Mittelschiffes.*
5 *Gewölbe des Chores.*
6 *Perspektiv der Nordpfeiler des Mittelschiffes.*
7 *Chorumgang.*
8 *Chorgestühl und Chortür.*
9 *Nördliches Querschiff vom Chor gesehen.*
10 *Chor.*
11 und 12 *Einzelheiten aus den Seitenkapellen.*
13 *Gebälk der Kirche.*

14　*Ehemaliger Schlafsaal der Laienbrüder.*
15　*Bild der schützenden Muttergottes im südlichen Querschiff.*
Umschlag: *Südliches Seitenschiff nach Westen gesehen.*

DE ABDIJ VAN PONTIGNY

De in 1114 gestichtte abdij van Pontigny is een hoofdgetuige van de grote geestelijke beweging der cistercienzer monniken, welke op het religieuze leven van de 12ᵉ eeuw een zo belangrijke invloed heeft gehad. Pontigny is de «tweede dochter» van Cîteaux (Cîteaux, gesticht in 1098, werd door Sint Bernard hervormd). De cistercienzer abdijen waren centra van gebed en meditatie. Hun sobere geest drukt zich ook uit in de cistercienzer architectuur. De kerk van Pontigny, waarvan de bouw in 1140 werd begonnen, is helemaal wit, zonder afbeeldingen of kleurrijke glas-in-lood ramen. Niets leidt de geest af van het doel: slechts God in stilte te zoeken.

OVER DE GESCHIEDENIS VAN PONTIGNY *kunnen we vermelden dat de abdij in de 12ᵉ en 13ᵉ eeuw twee grote engelse bisschoppen opgenomen heeft: Sint Thomas Becket en Stephan Langton, die wegens hun strijd met de koning van Engeland verbannen waren. Later bad Sint Edmund, eveneens aartsbisschop van Canterbury, om in Pontigny begraven te worden. Sinds 1247 is zijn graf daar een bedevaartsoord.*

BEZICHTIGING VAN HET INTERIEUR. *Het romaanse voorportaal nodigt ons, al voor het betreden van de kerk, tot bezinning uit. Boven de poort bevindt zich uitsluitend een kruis zonder versieringen, zinnebeeld van heel het geestelijke programma der cistercienzers. Men betreedt de kerk door de kleine deur links en gaat vervolgens langzaam door de linker zijbeuk, het mooiste en meest karakteristieke deel van de kerk. Vanaf het huidige altaar kan men ieder bouwstadium van de kerk waarnemen.*

— Het zeer grote dwarsschip, *sober en eenvoudig, zonder overbodige versieringen, met zijn romaanse kruisgewelf.*

— De eveneens romaanse zijbeuk *met zijn evenwicht van lijnen en licht.*

— Het gotische middenschip *met zijn spitsbogengewelf, dat ietwat onhandig door vierhoekige pijlers word gestut.*

— Het grote koor *(dat vanaf 1185 het oorspronkelijke, veel kleinere koor verving), kunstvoller maar minder expressief. Men bewondere het gewelf met tien ribben op de achtergrond, de monolithische zuilen, de koorgang, en vooral het vijfdelige spitsbogengewelf van de kapellen aldaar.*

Het gebouw uit de 12ᵉ eeuw is buitengewoon groot: van buiten gemeten 119 m lang, dwarsschip 54 m breed, middenschip 20 m hoog. Het bezit echter een grote eenheid. De abten uit de 17ᵉ en 18ᵉ eeuw voegden er delen van zeer verschillende stijlen aan toe: het koorhek van beschilderd hout zoals een *theatercoulisse, de koorbanken met hun mooie houtsnijwerk, de hekken van de zijbeuk en het koor, het marmeren altaar, en helemaal achterin tenslotte het gedenkteken van Sint Edmund met vier engelen rondom een nogal lelijke schrijn, dat nauwelijks 100 jaar oud is. (In een koorgang-kapel kan men een 16ᵉ eeuwse houten schrijn zien die in zijn eenvoud veel mooier is.)*

In deze kerk moet men minder letten op de details dan op het evenwichtige lijnenspel, en op de sfeer van stil gebed in het zoeken naar God.

BEZICHTIGING VAN DE BUITENKANT. *Wanneer men de kerk verlaat en naar het midden van de laan loopt, komt men bij de toegangspoort van het domein, van waaruit men een blik kan werpen op het vroegere klooster uit de 12ᵉ eeuw. Deze gebouwen, die door de monniken verlaten werden en gedeeltelijk verwoest zijn, waren het moederhuis van de paters van Sint Edmund (1842-1903, en daarna 1947-1954 met behulp van het frans-amerikaanse* Saint Edmunds College). *Tussen 1906 en 1940 onderhield Paul Desjardins hier een belangrijk centrum voor internationale kulturele ontmoetingen. Van 1954 tot 1967 was in de abdij het groot-seminarie ondergebracht van de* «Mission de France», *die priesters opleidt voor de milieus die zich het verst van de kerk verwijderd hebben. Sinds 1968 worden de gebouwen gebruikt door een centrum voor omscholing van lichamelijk gehandicapten, onder supervisie van de* «Bond voor Arbeids-Aanpassing van Lichamelijk Gehandicapten» (LADAPT). *Om dit centrum niet te hinderen is bezichtiging van de enige resten van het kloostergebouw onmogelijk: de wijnkelder en de slaapzaal van de lekebroeders, die zich in het verlengde van de voorgevel van de kerk bevinden.*

Op het gazon ziet U een stenen waterbekken, waar de monniken na het werk hun handen wasten. Terug in de grote laan, neemt U de weg tegenover de toegangspoort, die U langs het kerkhof leidt. Voorbij de begraafplaats heeft U een prachtig uitzicht op het koorhoofd van de abdijkerk. Voordat U via dezelfde weg terugkeert, is het mogelijk in de richting van het sportterrein te lopen. Van daaruit hebt U een schitterend uitzicht op de gehele abdij.

Sinds 1982 organiseert de «Mission de France» *in de zomermaanden velerlei aktiviteiten voor jongeren, zowel in de abdijkerk als in het dorp:* 17 rue de l'abbé Tauleigne *(afslag richting Venouse).*

LIJST VAN AFBEELDINGEN

Omslag Voorkant: *De abdijkerk, gezien vanuit het zuid-oosten.*
P. 9 *(afbeelding in kleur). Westelijk voorportaal.*
P. 10 *(afbeelding in kleur). Schip en koor, gezien vanaf de orgel-tribune.*
P. 35 en 36 *(afbeeldingen in kleur). Details.*
1 *Absis van de kerk, gezien vanuit het zuid-oosten.*
2 *Binnenkant van het portaal.*
3 *Zuidvleugel, zicht op het westen.*
4 *Gewelf van het schip.*
5 *Gewelf van het koor.*
6 *Zicht op de pilaren ten noorden van het schip.*
7 *Ambulatoir.*
8 *Koorstoelen en deur van het koor.*
9 *Noordelijk dwarsschip, gezien vanuit het koor.*
10 *Koor.*